La Gallinita Roja y los Granos de Trigo

The Little Red Hen and the Grains of Wheat

Retold by L.R.Hen

Illustrated by Jago

Spanish translation by Marta Belén Sáez-Cabero

Mantra Lingua

Un día la Gallinita Roja paseaba por el corral cuando encontró unos granos de trigo.
"Podría plantar este trigo" – pensó. "Pero voy a necesitar ayuda".

One day Little Red Hen was walking across the farmyard when she found some grains of wheat.
"I can plant this wheat," she thought. "But I'm going to need some help."

La Gallinita Roja llamó a los otros animales de la granja:
"¿Quién me puede ayudar a plantar este trigo?"
"Yo no" – dijo el gato. "Estoy demasiado ocupado".
"Yo no" – dijo el perro. "Estoy demasiado ocupado".
"Yo no" – dijo la gansa. "Estoy demasiado ocupada".

Little Red Hen called out to the other animals on the farm:
"Will anyone help me plant this wheat?"
"Not I," said the cat, "I'm too busy."
"Not I," said the dog, "I'm too busy."
"Not I," said the goose, "I'm too busy."

"Entonces lo haré yo sola" – dijo la Gallinita Roja.
Cogió los granos de trigo y los plantó.

"Then I shall do it all by myself," said Little Red Hen.
She took the grains of wheat and planted them.

La lluvia cayó y el sol brilló. El trigo se hizo fuerte, alto y dorado. Un día la Gallinita Roja vio que el trigo estaba maduro. Ahora estaba listo para ser cortado.

The clouds rained and the sun shone. The wheat grew strong and tall and golden. One day Little Red Hen saw that the wheat was ripe. Now it was ready to cut.

La Gallinita Roja llamó a los otros animales:
"¿Quién me puede ayudar a cortar el trigo?"
"Yo no" – dijo el gato. "Estoy demasiado ocupado".
"Yo no" – dijo el perro. "Estoy demasiado ocupado".
"Yo no" – dijo la gansa. "Estoy demasiado ocupada".

Little Red Hen called out to the other animals:
"Will anyone help me cut the wheat?"
"Not I," said the cat, "I'm too busy."
"Not I," said the dog, "I'm too busy."
"Not I," said the goose, "I'm too busy."

"Entonces lo haré yo sola" – dijo la Gallinita Roja.
Cogió una hoz y cortó todo el trigo. Luego lo puso en un fardo.

"Then I shall do it all by myself," said Little Red Hen.
She took a sickle and cut down all the wheat. Then she tied it into a bundle.

Ahora el trigo estaba listo para ser trillado.
La Gallinita Roja llevó el fardo de trigo de vuelta al corral.

Now the wheat was ready to thresh.
Little Red Hen carried the bundle of wheat back to the farmyard.

La Gallinita Roja llamó a los otros animales:
"¿Quién me puede ayudar a trillar el trigo?"
"Yo no" – dijo el gato. "Estoy demasiado ocupado".
"Yo no" – dijo el perro. "Estoy demasiado ocupado".
"Yo no" – dijo la gansa. "Estoy demasiado ocupada".

Little Red Hen called out to the other animals:
"Will anyone help me thresh the wheat?"
"Not I," said the cat, "I'm too busy."
"Not I," said the dog, "I'm too busy."
"Not I," said the goose, "I'm too busy."

"¡Entonces lo haré todo yo sola!"
– dijo la Gallinita Roja.

"Then I shall do it all by myself!"
said Little Red Hen.

La Gallinita Roja pasó todo el día trillando
el trigo. Cuando hubo acabado lo puso
en su carretilla.

She threshed the wheat all day long. When she
had finished she put it into her cart.

Ahora el trigo estaba listo para molerlo y convertirlo en harina. Pero la Gallinita Roja estaba muy cansada, así que se fue al granero y se quedó dormida enseguida.

Now the wheat was ready to grind into flour. But Little Red Hen was very tired so she went to the barn where she soon fell fast asleep.

A la mañana siguiente, muy temprano, la Gallinita Roja llamó a
los otros animales:
"¿Quién me puede ayudar a llevar el trigo al molino?"
"Yo no" – dijo el gato. "Estoy demasiado ocupado".
"Yo no" – dijo el perro. "Estoy demasiado ocupado".
"Yo no" – dijo la gansa. "Estoy demasiado ocupada".

The next morning Little Red Hen called out to the
other animals:
"Will anyone help me take the wheat to the mill?"
"Not I," said the cat, "I'm too busy."
"Not I," said the dog, "I'm too busy."
"Not I," said the goose, "I'm too busy."

"¡Entonces iré yo sola!" – dijo la Gallinita Roja.
Empujó la carretilla llena de trigo y la hizo rodar hasta el molino.

"Then I shall go all by myself!" said Little Red Hen.
She pulled her cart full of wheat and wheeled it all the way to the mill.

El molinero cogió el trigo y lo molió hasta convertirlo en harina.
Ahora estaba listo para hacer pan con él.

The miller took the wheat and ground it into flour.
Now it was ready to make a loaf of bread.

La Gallinita Roja llamó a los otros animales:
"¿Quién me puede ayudar a llevar esta harina al panadero?"
"Yo no" – dijo el gato. "Estoy demasiado ocupado".
"Yo no" – dijo el perro. "Estoy demasiado ocupado".
"Yo no" – dijo la gansa. "Estoy demasiado ocupada".

Little Red Hen called out to the other animals:
"Will anyone help me take this flour to the baker?"
"Not I," said the cat, "I'm too busy."
"Not I," said the dog, "I'm too busy."
"Not I," said the goose, "I'm too busy."

"¡Entonces iré yo sola!" – dijo la Gallinita Roja.
Llevó el pesado saco de harina a la panadería.

"Then I shall go all by myself!" said Little Red Hen.
She took the heavy sack of flour all the way to the bakery.

El panadero cogió la harina y añadió un poco de levadura, agua, azúcar y sal. Metió la masa en el horno y la coció.
Cuando el pan estuvo listo, se lo dio a la Gallinita Roja.

The baker took the flour and added some yeast, water, sugar and salt.
He put the dough in the oven and baked it.
When the bread was ready he gave it to Little Red Hen.

La Gallinita Roja llevó el pan recién hecho al corral.

Little Red Hen carried the freshly baked bread all the way back to the farmyard.

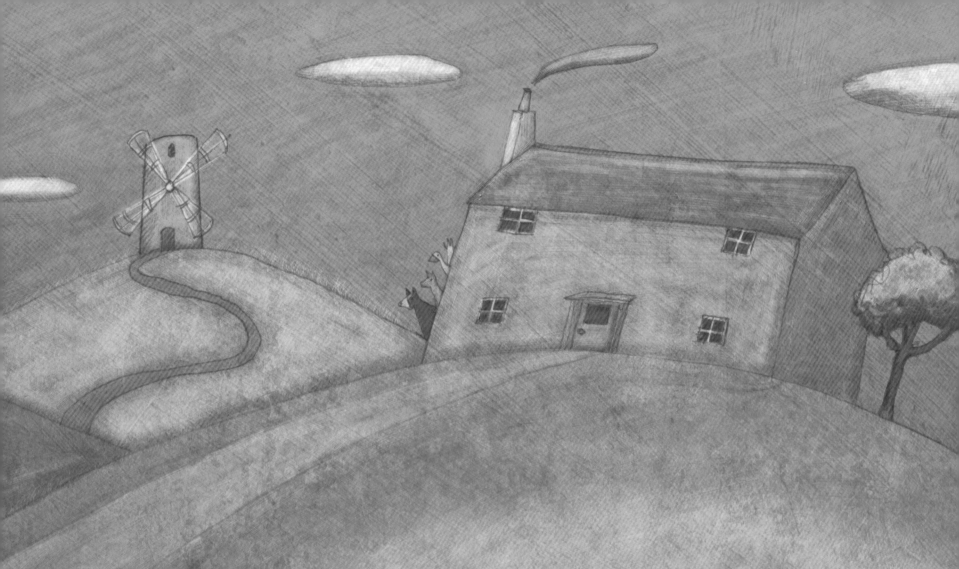

La Gallinita Roja llamó a los otros animales:
"¿Quién me puede ayudar a comer este
sabroso pan recién hecho?"

Little Red Hen called out to the other animals:
"Will anyone help me eat this tasty fresh bread?"

"Yo" – dijo el perro –, "no estoy ocupado".

"I will," said the dog, "I'm not busy."

"Yo" – dijo la gansa –, "no estoy ocupada".

"I will," said the goose, "I'm not busy."

"Yo" – dijo el gato –, "no estoy ocupado".

"I will," said the cat, "I'm not busy."

"¡Oh, éso tendré que pensarlo!"
– dijo la Gallinita Roja.

"Oh, I'll have to think about that!"
said Little Red Hen.

La Gallinita Roja invitó al molinero y al panadero a compartir el delicioso pan mientras todos los otros animales les miraban.

The Little Red Hen invited the miller and the baker to share her delicious bread while the three other animals all looked on.

key words

little	pequeño (m) pequeña (f)	clouds	nubes
red	rojo (m) roja (f)	rain	lluvia
hen	gallina	sun	sol
farmyard	corral	ripe	maduro (m) madura (f)
farm	granja	plant	plantar
goose	ganso (m) gansa (f)	cut	cortar
dog	perro (m) perra (f)	sickle	hoz
cat	gato (m) gata (f)	bundle	fardo
wheat	trigo	thresh	trillar
busy	ocupado (m) ocupada (f)	grind	moler

palabras clave

flour	harina	salt	sal
the mill	el molino	tasty	sabroso (m) sabrosa (f)
miller	molinero(m)molinera(f)	fresh	fresco (m) fresca (f)
ground	molió	sugar	azúcar
bread	pan	all	todos
baker	panadero (m) panadera (f)	she	ella
		he	él
yeast	levadura		
water	agua		
delicious	delicioso (m) deliciosa (f)		

First published in 2005 by Mantra Lingua
Global House, 303 Ballards Lane London N12 8NP
www.mantralingua.com
Text copyright © 2005 Henriette Barkow
Illustration copyright © 2005 Jago
Dual Language text copyright © 2005 Mantra Lingua
This edition published 2022

A CIP record for this book is available from the British Library

Printed in UK. 180322PB04222256